I0151809

9 780988 784468

جھوموں

صوفیانہ شاعری

نفسیاتی اور روحانی

بیداری

کی اردو نظمیں

ڈاکٹر سرفراز زیدی

BlueRose ONE
Stories Matter

First Published in August 2022

ISBN: 978-0-9887844-6-8

BLUEROSE PUBLISHERS
www.BlueRoseONE.com
info@bluerosepublishers.com
+91 8882 898 898

Cover Design:
Aveek

Distributed by: BlueRose, Amazon, Flipkart

دھیرے دھیرے میں تمھیں لے چلوں اُس دنیا میں

دور تک غم کا جہاں نام و نشان ہی نہ ملے

فہرست

دیباچہ

میں ہوں ڈاکٹر سرفراز زیدی اور آج میں آپ کی خدمت میں اپنا اُردو کا کلام پیش کرتا ہوں۔ سب سے پہلے میں آپ کو اِس کلام کا پس منظر بتاتا چلوں۔

آج سے پچیس سال پہلے میں دنیاوی حوالے سے ایک مثالی زندگی گزار رہا تھا۔ کامیاب کیریئر، محبت کرنے والا کنبہ، بہت سے دوست اور کیلیفورنیا میں ایک خوبصورت گھر۔ ان سب چیزوں کے باوجود اندرونی سکون موجود نہیں تھا۔ اکثر لوگوں کی طرح سے میں بھی روزمرہ کی زندگی کے سٹریس کا شکار تھا۔

سٹریس سے چھٹکارا حاصل کرنے کے لئے میں آہستہ آہستہ اندرونی سکون کی تلاش پر گامزن ہو گیا۔ میں نے سٹریس کی بنیادی وجہ پر عقل سے غور و خوز کرنا شروع کیا۔ ایک دن جب کہ میں اپنے محلے والے پارک میں چہل قدمی کر رہا تھا تو سٹریس کی اصل وجہ کا آخر کار سُراغ معلوم ہوا۔

پتہ یہ چلا کہ میرے تمام نفسیاتی مسائل -خوف، غصہ، رنجش، حسد، لالچ، - کی اصل وجہ میرا اپنا نفس ہے۔ اور انتہائی حیران کُن بات یہ پتہ چلی کہ - گو کہنے کو یہ میرا نفس ہے -، در حقیقت میں یہ میرا اصلی نفس نہیں ہے کیونکہ میں اس نفس کے ساتھ پیدا نہیں ہوا تھا۔ اصل میں یہ نفس معاشرے نے آہستہ آہستہ مجھ میں اُنڈیلا جیسے جیسے میں معاشرے میں پروان چڑھا۔ ہم اسے جھوٹا نفس بھی کہہ سکتے ہیں۔

میں، آپ اور دنیا میں ہر شخص اس جھوٹے نفس کے شکنجے میں گرفتار ہے۔ اسی وجہ سے دنیا میں ہر شخص نفسیاتی مسائل -خوف، غصہ، رنجش، حسد، لالچ - کا شکار ہے۔ افسوس کی بات یہ ہے کہ جیسے جیسے یہ جھوٹا نفس ہمیں اپنی گرفت میں قید کرتا چلا جاتا ہے، ویسے ویسے ہم اپنے سچے نفس سے دور ہوتے چلے جاتے ہیں۔ سچا نفس ہم نومولود بچوں میں دیکھ سکتے ہیں کیونکہ ان میں ابھی جھوٹا نفس موجود نہیں ہوتا۔ سچا نفس ہر طرح کے نفسیاتی مسائل سے آزاد ہوتا ہے۔ سچا نفس اندرونی سکون کا چشمہ ہے۔

میں نے یہ مشاہدہ کیا کہ جھوٹے نفس سے نجات پانے کا طریقہ یہ ہے کہ ہم اس کو زیادہ توجہ نا دیں۔ اس کے بجائے اگر ہم اپنی توجہ اپنے اردگرد رکھیں اس لمحے پر -

اپنے حواس خمسہ کو استعمال کرتے ہوئے- تو ہم اپنے سچے نفس سے وابستہ رہتے ہیں۔ اور سٹریس ہم سے میلوں دور رہتا ہے۔

آپ ذرا غور سے دیکھیں تو مشاہدہ کریں گے کہ اس لمحہ میں نہ صرف اشیا ہیں بلکہ خلا، خاموشی اور سکوت بھی ہے، پس منظر میں۔

میں نے اپنی اس دریافت کو اپنی کتابوں اور وڈیوز میں تفصیل سے بیان کیا ہے۔ سٹریس سے نجات کا یہ طریقہ میں نے اپنے مریضوں کو سکھلایا۔ اور یہ مشاہدہ کیا کہ آہستہ آہستہ ان کی بیماری کی شدت بہت کم ہو گئی۔

میں خود بھی زیادہ تر اپنی توجہ اس لمحے پر رکھتا ہوں - اپنے حواس خمسہ کو استعمال کرتے ہوئے - ایک دن کا واقعہ ہے کہ میں ایک ریستوران میں دوپہر کا کھانا کھا رہا تھا۔ اور ساتھ ہی توجہ رکھی ہوئی تھی کھڑکی سے باہر اونچے اونچے درختوں پر۔ اور خلا، خاموشی اور سکوت پر - کہ اک دم سے خلا، خاموشی اور سکوت پس منظر سے پیش منظر میں آ گیا، بہت زور کے ساتھ۔ ریستوران میں لوگوں کی آوازیں بہت مدھم ہو گئیں۔ میں نے مشاہدہ کیا کہ خلا، خاموشی اور سکوت دراصل تین نہیں بلکہ ایک ہے- بہت گہرا، طاقتور اور پرسکون- پھر میں نے یہ اندرونی آواز سنی، "یہی سب کا رب ہے"۔

میرا تعلق نا تو کسی مزہب سے ہے اور نا ہی کسی سیاسی یا ثقافتی جماعت سے۔ میں تو بس ایک انسان ہوں جو روحانی-نفسیاتی نیند سے بیدار ہو چکا ہے۔

اُس دن پارک میں روحانی-نفسیاتی بیداری کے ساتھ ہی میرے تمام نفسیاتی مسائل ہمیشہ کے لئے ختم ہو گئے۔ اب میرے دل میں ایک ایسا سکون رہتا ہے کہ جسے لفظوں میں بیان نہیں کیا جا سکتا۔

اس روحانی-نفسیاتی بیداری کے ساتھ ہی مجھ میں شاعری کی خود بخود سے آمد ہونے لگی۔ کبھی اُردو میں اور کبھی English میں۔ میں نے تو خواب و خیال میں بھی شاعر بننے کا نہیں سوچا تھا۔ یہ صرف میرے پالنے والے کا تحفہ ہے۔ جو میں آج آپ کی خدمت میں پیش کرتا ہوں۔ ایک وضاحت کرتا چلوں۔ اس کلام کا مقصد آپ کو Entertain کرنا نہیں بلکہ اگر آپ اس کلام کو غور سے سنیں تو آپ بھی روحانی-نفسیاتی نیند سے بیدار ہو سکتے ہیں۔

ایک اور وضاحت کرتا چلوں۔ روحانی-نفسیاتی بیداری کے بعد سے میں اب بھی اپنی بیوی کے ساتھ رہتا ہوں لیکن بغیر کسی جھگڑے کے۔ ڈاکٹر کے طور پر بھی کام کرتا ہوں لیکن بغیر کسی لالچ کے۔ دوستوں سے بھی ملتا ملاتا ہوں مگر بغیر کسی خود غرضی کے۔

اس کتاب کا مقصد نا تو ہے پیسے بنانا اور نا ہی شہرت حاصل کرنا بلکہ آپ کو سچائی سے روشناس کرانا۔اس کے بعد آپ کی مرضی۔۔۔۔۔۔۔۔۔

لمحہ

نکلو اِس وقت کے چکر سے، ذرا غور کرو

ماضی اور فردا کے پھندے پہ، ذرا غور کرو

ماضی رہتا ہے کہاں، تم نے کبھی غور کیا

فردا کا گھر ہے کہاں، تم نے کبھی غور کیا

دونوں تخلیق ہیں اِس ذہن کی اور کچھ بھی نہیں

در حقیقت میں صِرف لمحہ ہے، اور کچھ بھی نہیں

کہنے کو لمحہ ہے، پر اِس کی حقیقت کا وجود
ازل و آخر کی حدودوں سے رہے لامحدود

چاہے مریخ ہو، یا چاند یا ذُب اَکبر
اِسی لمحے میں سب سیارے پھرا کرتے ہیں

اِسی لمحے میں مگن چاند سفر کرتا ہے
اِسی لمحے میں نکلتا ہے یہ اور ڈھلتا بھی

زردی' سرخی بھری شوخ شعاؤں کا ہجوم
پھر سے سورج اِسی لمحے میں جنم لیتا ہے

اِسی لمحے میں رواں، بادِ صبا چلتی ہے
اِسی لمحے میں ہی گھنگھور گھٹا چلتی ہے

اِسی لمحے میں ہی آندھی بھی چلا کرتی ہے
اِسی لمحے میں ہی بارش بھی ہُوا کرتی ہے

مُرغ دیتا ہے اَذاں، دریا کی موجیں ہیں رواں
ہنس کا جوڑا اِسی لمحے میں بہا جاتا ہے

اِسی لمحے میں فلک بوس پہاڑوں کا سکوت
راگِ بلبل اِسی لمحے میں سُنا جاتا ہے

بطخیں جھیلوں کے اِن مرمریں قالینوں پر

اِسی لمحے میں بنا فکر چلا کرتی ہیں

مستی میں ڈوب کر پھر ریت کو چھولے پانی

بکھری لہریں اِسی لمحے میں سفر کرتی ہیں

تِتلیاں اُڑتی پھریں پھولوں بھرے آنگن میں

بھینی خشبو اِسی لمحے میں بسا کرتی ہے

چپکے سے چوم لیا بیوی کے رخساروں کو

اِن کی حدت اِسی لمحے میں مزہ دیتی ہے

ڈھوپ اور چھاؤں کی چلتی ہوئی تصویر کشی

پیلے بادل اِسی لمحے میں اُڑا کرتے ہیں

اِسی لمحے میں سبھی لوگ جنم لیتے ہیں

اِسی لمحے میں سبھی لوگ ختم ہوتے ہیں

باہر اِس لمحے کے کچھ بھی تو نہیں ہو سکتا

اِسی لمحے میں یہ سب کائنات چلتی ہے

دیکھو، اِس لمحے کی شفاف شُعاؤں کا اثر

سب پریشانیوں کی دُھند اُڑی جاتی ہے

دیکھو، اِس لمحے کی آغوشِ مقدس کا کرم

کل کی فکروں کا اُٹھا ہے وہ جنازہ، دیکھو

ارے، وہ دیکھو ذرا کون چلا آتا ہے

ماضی اور فردا کا رنگین لبادہ اوڑھے

ورغلائے گا تمہیں، یہ تمہیں لے جائے گا

فردا کی فکروں میں اور ماضی کے غم خانوں میں

اِسی شیطان کے چکر میں نہ پھر آو کبھی

تم کو جنت سے نکالا گیا جس کے کارن

سُن رہے ہو اِسی لمحے میں یہ سچ کی آواز

توڑ دو ماضی کی اور فردا کی سب زنجیریں

اِسی لمحے کی حقیقت کو جو تم جان گئے

تب اِسی لمحے میں، تم ذاتِ خدا جان گئے

سنتا ہے کون اس لمحے میں آوازوں کو

تم کہو کان، مگر وہ تو فقط آلہ ہے

سورج اور میں

سورج کی مدہوش حسینہ

چپکے سے کمرے میں آئی

پیار سے میرا ماتھا چوما

آنکھوں کو گرمی پہنچائی

پیار کی دھیمی آنچ لگائی

رقص کرے اور جھومتی جائے

بدن میرے کو چومتی جائے

اندر ہی اندر اُتر ی جائے

دور تلک یہ اُتر ی جائے

نرم شُعائیں، گرم شُعائیں

کھیلیں مُجھ سے اور اِترائیں

چاروں طرف یہ بکھر ی جائیں

دل کی گرمی کو بھڑکائیں

لزت کا اِک چشمہ پھوٹے

برقی لہریں دوڑتی جائیں

سر سے لے کر پاؤں تلک یہ

جوش کی لہریں دوڑتی جائیں

مَدہوشی کے اِس جھُولے میں

گھنٹوں یَونہی لیٹا رہوں میں

سورج کی آغوش کے اندر

بے فکری سے لیٹا رہوں میں

تاروں کی محفــل

پانی پینے رات میں جاگا

کھڑکی سے باہر جو جھانکا

واللہ کیسا منظر دیکھا

رات کی گہری خاموشی میں

محفل وہ تاروں کی لگی ہے

بول رہے ہیں اِک دوجے سے

کھیل رہے ہیں آنکھ مچولی

چاند کی گہری میٹھی نگاہیں

سب تاروں کے دل کو لبھائیں

دیکھ کے پیار کا ایسا عالم

میرا من بھی کِھلتا جائے

چاند سِمت یہ کِھلتا جائے

تاروں سِمت یہ کھلتا جائے

چاند ستارے، دور نہیں اب

میں ہوں اِن کی محفل میں اب

کھیل رہا ہوں آنکھ مچولی

سچے پیار میں ڈوب گیا اب

چاند کی ٹھنڈک میرے دل میں

جگ مگ تارے میرے دل میں

روشنی میرے اندر ناچے

روشنی میرے باہر ناچے

چاند ستارے اور یہ اِنساں

روشن ہو کے اِک دوجے سے

رات کے گہری خاموشی میں

اِک دوجے کے دل کو لبھائیں

سچے پیار کا نغمہ گائیں

رات کی خاموشی کا منظر

دل میں دھیمی لو سلگا ئے

کل اور آج

کب تلک ڈرتے رہو گے کل سے

زندگی ہولے ہولے چلی جاتی ہے

کل کی فکروں سے ہوا جو بے پروہ

ہر گھڑی دل میں سکون لاتی ہے

دفن آیا غموں کو کل کی دنیا میں

زندگی خوشیوں بھر ا پیام لاتی ہے

کل کے گھمبیر اندھیروں سے جو نکل آیا

دور تک اب روشنی ہی نظر آتی ہے

من کے گلشن میں رہوں بس مسرور

مجھ کو تنہائی اب راس بہت آتی ہے

آخر کار ملا، نفس سے جو چھٹکارا

لمحہ، لمحہ، زندگی سرور لاتی ہے

زیدی آزاد پرندے کی طرح

زندگی، اب گیت نیا گاتی ہے

تو کون ہے؟

اِک لمحہ بیٹھ کر ذرا

پھر سوچ کر مجھ کو بتا

تو کون ہے، تو کون ہے؟

تو وہ نہیں، سمجھے جو تو

سمجھے جو تو وہ جھوٹ ہے

جو تجھ کو بتلایا گیا

ہاں، تجھ کو بہکایا گیا

سب تجھ کو بتلایا گیا

تیری زباں، تیرا وطن

تیری زمیں، تیرا مکاں

تیرا خدا، تیرا چمن

جو کچھ ہوا جب تو نہ تھا

وہ تجھ کو بتلایا گیا

اجداد تیرے کس طرح

لڑتے رہے بھڑتے رہے

اُن سب کا لغبز

چالاکیاں، مکاریاں

مایوسیاں، ناکامیاں

جرات بھری کہانیاں

حسرت بھری کہانیاں

دردوں بھری کہانیاں

سب تجھ میں اُنڈیلی گئیں

بچپن سے لے کے آج تک

تجھ کو تو کچھ خبر نہیں

کولھو کے بیل کی طرح

روٹی کے اس بھنور میں تو

گرداں رہے، بھٹکا پھرے

صدیوں پرانی دشمنی

دل میں تیرے جلتی رہے

اس سارے بوجھ کے تلے

پستا رہے، کڑھتا رہے

ماضی کے اس فریب سے

باہر نکل، باہر نکل

پھر سوچ کر مجھ کو بتا

تو کون ہے؟

تو کون ہے؟

تو کون ہے؟

دل اور دماغ کا تکرار

دماغ کہتا ہے۔

میری آغوش کی طاقت کے کرم سے پہلے

یہی انسان تھا، غاروں میں رہا کرتا تھا

مذہب اور علم کے ساغر سے نوازا میں نے

اس کو تہذیب کے پیمانے میں ڈھالا میں نے

میں نے پھر اس کو مشینوں سے کیا مالا مال

راحتیں اس کو ملیں اب بنا مز دوری کے

نور کھل جائے صرف انگلی کی اک جنبش سے

ایک ہی پل میں یوں تاریکی سے چھٹکارا ملے

اس کی پرواز کا عالم میں کوئی ثانی نہیں

آنکھ جھپکے تو یہ میلوں کا سفر طے کرے

بنا ہل جل کئے وابستہ ہے سب لوگوں سے

گھر میں بیٹھے اسے دنیا کی خبر ملتی رہے

غاروں سے قسبوں میں اور پھر گیا یہ شہروں میں

میری ہی وجہ سے یہ پہنچا ہے سیاروں میں

اور اب دل کا جواب ۔

تو نے تہذیب و تمدن کا سہارا لے کر

رفتہ رفتہ بنی انسان کو کیا اپنا غلام

تو نے انسان کو سو ٹکڑوں میں تقسیم کیا

رنگ اور نسل کا، اور قوم کا چکر دے کر

تو نے سکھلائیں اسے لڑنے کی سب ترکیبیں

اور اسلحے کے بھاری ذخیروں سے نوازا تو نے

اسی وجہ سے یہ اب خوف زدہ رہتا ہے

امن اور جنگ کے تصور میں پھنسا رہتا ہے

اور، پانے کی ہوس میں یہ گرفتار ہوا

بھسم کرڈالا قناعت کو تیرے جادو نے

تیرے ایجاد کئے علم میں یوں غرق ہوا

ہر طرف روشنی پر اس کو نظر نہ آئے

ہو کے پاگل تیرے جم جانے کی مے نوشی سے

اپنے ہی گھر کو یہ برباد کئے جاتا ہے

تیری ایجاد کدہ صنعتوں کی وجہ سے

کرہ ارض کا اب پارہ چڑھا جاتا ہے

تو نے تخلیق کیا ماضی کو اور فردا کو

انہی جالوں میں اب انسان پھنسا رہتا ہے

رنجشیں ماضی کی اب اس کو ڈسا کرتی ہیں

غصے کے زہر میں یہ جلتا ہے اور کڑھتا بھی

دو گھڑی کا بھی سکوں اس کو میسر نہیں اب

کل کی فکروں سے پریشان ہوا رہتا ہے

تیرے رنگین فریبوں کے سحر سے پہلے

یہی انسان تھا، جنت میں رہا کرتا تھا

نہ پریشانی کوئی اور نہ کوئی غم تھا اسے

صبح سے شام تلک خوش یہ رہا کرتا تھا

مستی لمحہ کی آغوش میں ہو کر مدہوش

کھیلتا پھرتا تھا اور مست رہا کرتا تھا

لالچ اور خوف کے گھمبیر خیالوں سے رہا

پر قناعت تھا یہ اور یہ نہ کبھی ڈرتا تھا

بنا خود غرضی کے یہ ملتا تھا سب سے یکساں

نہ کوئی دوست تھا اور نہ ہی کوئی دشمن تھا

سینوں میں نفرتوں کی آگ نہیں جلتی تھی

ماضی کا جلتا الاؤ ابھی موجود نہیں تھا

نہ پری چہرہ کوئی اور نہ کوئی بدصورت

فلسفہ حسن کا اور عشق کا موجود نہیں تھا

نہ تھا بیمار کوئی اور نہ کوئی بوڑھا بھی

موت کے خوف سے ڈر کے کوئی مرتا بھی نہیں تھا

اس کی معصوم طبیعت پہ فرشتے قرباں

حسد اور کینہ کا ناسور جو موجود نہیں تھا

سب خیالوں سے رِہا خوش یہ رَہا کرتا تھا

یہی اِنسان تھا، جنت میں رَہا کرتا تھا

جھوم کے جھوموں

جھوم کے جھوموں، جھوم کے جھوموں

مستی میں میں جھوموں

جب سے میں نے تجھ کو جانا

بِن پیے بس جھوموں

میں سرور کی آگ میں ناچوں

سایہ بھی لہرائے

ساتھ میرے یہ لَو بھی ناچے

جھومے اور شرمائے

دور شفق کی لالی دیکھوں

دیکھوں کھیل تماشا

چڑھتا سورج مجھ سے بولے

راز خوشی کا کھولے

دن میں دیکھوں رات میں دیکھوں

دیکھوں شام سویرے

ٹھہری ہوا میں تجھ کو دیکھوں

رنگوں میں قوس و قزح کے

مور کے ناچ میں تجھ کو دیکھوں

کوئل کے گیتوں میں

پھول کی خوشبو سونگھ کے جانوں

رہتا تو ہر شے میں

آگ میں تو ہے پیڑ میں تو ہے

دریا کی موجوں میں

برف کو گر تا جب میں دیکھوں

وجد ہو میرے دل میں

کوہ میں تو ہے غار میں تو ہے

جھیل کے ساکت پن میں

تاروں کی محفل جو لگی ہے

سب کچھ تیرے دم سے

نہ کوئی منزل نہ کوئی رستہ

جو تیرے گھر جائے

سارے جگ میں تو ہی تو ہے

گھر میں تو نہ بسائے

نہ کوئی مسلم نہ کوئی ہندو

اور نہ کوئی عیسائی

سارے بندے تیری نشانی

جھگڑا پھر کاہے کو

دل میں جھانکوں تجھ کو دیکھوں

سانسوں کی ہل چل میں

بول رہا ہوں تیرے کرم سے

جو بھی تو بلوائے

آزاد تو کہاں ہوا

کل بھی تو غلام تھا

آج بھی غلام ہے

رنج و حسد کی بیڑیاں

پیروں میں تیرے آج بھی

مایوسیاں، ناکامیاں

تقدیر تیری آج بھی

نفرت بھری لڑائیاں

تیرا شغل ہیں آج بھی

اپنی انا کے جال میں

جکڑا رہے تو آج بھی

خواہشوں کے دشت میں

بھٹکا پھرے تو آج بھی

لالچ بھرے میدان میں

لڑتا پھرے تو آج بھی

فکروں بھری زندان میں

ڈرتا رہے تو آج بھی

فکر و ہوس کی قید سے

تو رہا کہاں ہوا

کل بھی تو غلام تھا

آج بھی غلام ہے

کس قدر دور ہے قدرت سے یہ اِنساں کا نظام

پرکھو جو عقل کے پیمانے سے اِنساں کا نظام

جینا اور مرنا

پھر سے پیدا ہوا اور پھر سے میں مر جاؤں گا

صدقے بیداری کے اب پھر سے نہیں آؤں گا

کھیلتا پھرتا ہوں اس دنیا میں بچوں کی طرح

ماضی اور فردا کے چکر میں نہیں آؤں گا

سونے اور چاندی کی مکار حسینہ سے ملا

اب کبھی پیسے کے چکر میں نہیں آؤں گا

میں اب اس دنیا کے شفاف اُجالوں میں رہوں

سوچوں کی قید کے بھوتوں سے نہ گھبراؤں گا

میری وجہیہ سے یہ کون و مکاں کا دھندا

اللہ کی ذات سے اب میں نہ بھٹک پاؤں گا

ایک دن دنیا کے اس کھیل سے فارغ ہو کر

جسم کو چھوڑ پنہا میں سما جاؤں گا

شوہر کی بیداری

کل کا سوچوں اور گھبراؤں

تجھ کو میں کیسے سمجھاؤں

ڈر تا رہوں میں اندر ہی اندر

رو تا رہوں میں اندر ہی اندر

کام کروں میں، صبح سویرے

کام کروں میں، رات اندھیرے

کام کروں میں، تیری خاطر

بچوں کی بہبود کی خاطر

پھر بھی شکوہ کرتی رہے تو

پیار سے مجھ کو ڈستی رہے تو

خود غرضی کا عالم دیکھوں

پیار دھوئیں میں اڑتا دیکھوں

فکروں کے سیلاب میں آخر

خود کو دیکھوں، ڈوبتا دیکھوں

چاروں طرف سے جکڑا گیا ہوں

تہذیبوں کے بندھن دیکھوں

لالچ دیکھوں، غصہ دیکھوں

رنجش دیکھوں، کینہ دیکھوں

اور ہوس کی دوڑ بھی دیکھوں

دنیا کے اس پاگل پن سے

نکل کے اک دن جو میں دیکھوں

اپنے من میں جو میں دیکھوں

نا ہے غصہ، نا ہی رنجش

نا ہی لالچ اور خود غرضی

خوف نہیں ہے بس بے فکری

جب سے میں آزاد ہوا ہوں

نہ میں سوچوں، نہ گھبراؤں

ہنستا رہوں میں، اندر ہی اندر

سمجھ میں تیرے یہ نہ آئے

تجھ کو میں کیسے سمجھاؤں

بیوی کی بیداری

آٹا گوندھتے، سالن بھونتے

برتن مانجتے، کپڑے سیتے

خدمت کرتے، جھگڑا سنتے

تجھ کو سہتے، جب تو بہکے

برسوں بیتے، برسوں بیتے

مایوسی میں برسوں بیتے

تجھ سے لڑتے، غصہ کرتے

اندر ہی اندر رنجش کرتے

تیری انا کو بس خوش کرتے

سوہرے ساس کی خدمت کرتے

برسوں بیتے، برسوں بیتے

مایوسی میں برسوں بیتے

بیٹھ کے اِک دن من میں دیکھوں

اپنے سچے پن کو دیکھوں

امن سکوں کا عالم دیکھوں

بے فکری کا میداں دیکھوں

اب جوش بھری امرت کو پیتے

لمحہ بیتے، لمحہ بیتے

تجھ کو دیکھ کے نہ گھبراؤں

جھگڑا کروں نہ غصہ کھاؤں

امن سکوں کا مندر پاؤں

تجھ کو یہ کیسے سمجھاؤں

جب سے میں آزاد ہوئی ہوں
نہ میں سوچوں، نہ گھبراؤں
ہنستی رہوں میں، اندر ہی اندر

سمجھ میں تیرے یہ نہ آئے
تجھ کو میں کیسے سمجھاؤں

میں کیا کروں

فکر کے شکنجے میں
دن رات گھُٹا رہتا ہوں
ہر دم اُداس رہتا ہوں

گر یہ ہوا گر وہ ہوا
سوچا کروں، ڈرتا رہوں
میں کیا کروں

یہ کیوں ہوا، وہ نہ ہوا

میں بدنصیب، روتا رہوں

اب کیا کروں

میں چاہتوں کی قید میں

جلتا رہوں، بجھتا رہوں

میں کیا کروں

یادوں کے اس سراب میں

بھٹکا پھروں، روتا رہوں

میں کیا کروں!

ہو کے مد ہوش نظریاتوں کی شرابوں میں

گم ہو تم ذہن کے پیدا کئے سرابوں میں

پیڑ اور میں

خنک ہوا نے، چلتی صبا نے
دھیرے دھیرے بدل دیا
ہاں، سب کچھ بدل دیا

رنگت بدلی، صورت بدلی
پیڑ کی ساری حالت بدلی
پتے وتے، ٹوٹ گئے
سارے پرندے روٹھ گئے

فکر کروں میں ڈرتا رہوں میں
مانند پیڑ کے اک دن میں بھی
عمر کا سنگین موسم دیکھوں

درد ادھر ہے، درد اُدھر ہے
طاقت ہمت باقی نہیں ہے
چلنا پھرنا بھول گیا میں
نام تمہارا بھول گیا میں
رشتے ناطے ٹوٹ گئے
ساتھی سارے روٹھ گئے

پیڑ ابھی تک باقی ہے
اب یہ ہی میرا ساتھی ہے
جھوم رہا ہے کھیل رہا ہے
ٹھنڈی ہوا سے، خنک فضا سے
بدلی سے یہ بے پروہ ہے
بربادی کی فکر نہیں ہے
کل کی اس کو فکر نہیں ہے

ہولے ہولے موسم بدلا
ساتھ ہی اس کے پیڑ بھی بدلا
رنگت بدلی، سایہ بدلا
پتے نئے ہیں پرندے نئے ہیں

پیڑ کے سارے ساتھی نئے ہیں
کل کی اب بھی فکر نہیں ہے
جھوم رہا ہے، کھیل رہا ہے
گرم ہوا سے، گرم فضا سے

دیکھ کے پیڑ کی بے پرواہی
سمجھا میں بھی راز خوشی کا
جھوم رہا ہوں، کھیل رہا ہوں
کل کی مجھ کو فکر نہیں ہے
بربادی کی فکر نہیں ہے

میاں اور بیوی کی گفتگو

میاں۔

بھئی،

سیرت اچھی، صورت اچھی

بیوی۔

پر کالا کالا ہے

میاں۔

دل کا اچھا، چہرہ اچھا

بیوی۔

پر کالا کالا ہے

میاں۔

کاٹھی اچھی، قد کا لمبا

بیوی۔

پر کالا کالا ہے

میاں۔

روزی اچھی، پیشہ اچھا

بیوی۔

پر کالا کالا ہے

میاں۔

عادت اچھی، ذوق بھی اچھا

بیوی۔

پر کالا کالا ہے

میاں۔

شہرت اچھی، اچھے گھر کا

بیوی۔

پر کالا کالا ہے

میاں۔

بھئی سب کچھ چھوڑو

ہے میرے جیسا

بیوی۔

اور کالا کالا ہے۔

کالی کالی ہے

میاں۔

بھئ صورت اچھی، سیرت اچھی

بیوی۔

پر کالی کالی ہے

میاں۔

عادت اچھی، ذوق کی اچھی

بیوی۔

پر کالی کالی ہے

میاں۔

باتیں اچھی، سیدھی سادھی

بیوی۔

پر کالی کالی ہے

میاں۔

شہرت اچھی، اچھے گھر کی

بیوی۔

پر کالی کالی ہے

میاں۔

چلو چھوڑو سب کچھ

ہے تیرے جیسی

بیوی۔

پر کالی کالی ہے

نا تو میرا

نا میں تیرا

نا تو میرا، نا میں تیرا
نا کچھ میرا، نا کچھ تیرا

پر تو سمجھے سب کچھ تیرا
چاندی تیری، سونا تیرا
گاڑی تیری، کتا تیرا
گھر بھی تیرا، باغ بھی تیرا
لڑکی تیری، لڑکا تیرا
بیوی تیری، نوکر تیرا
کنبہ تیرا، پیشہ تیرا

شہر ہے تیرا، وطن ہے تیرا

دھن ہے تیرا، من ہے تیرا

مسجد تیری، مندر تیرا

عزت تیری، چرچا تیرا

غصہ تیرا، کینہ تیرا

ہوس بھی تیری، حسد بھی تیرا

سوچیں تیری، ماضی تیرا

فردا تیرا، ڈر بھی تیرا

غفلت کی اس نیند میں سو کر

سمجھے تو کہ سب کچھ تیرا

دیکھ جو سچ کی نظروں سے پھر

نا کچھ تیرا نا کچھ میرا

نا تو میرا نا میں تیرا

سوچوں کی گاڑی

سوچوں کی گاڑی میں بند ہوں
چلتا جاؤں، چلتا جاؤں

سوچوں کے بھوتوں کو دیکھوں
ڈرتا جاؤں، ڈرتا جاؤں

سوچوں کے میدان جنگ میں
لڑتا جاؤں، لڑتا جاؤں

سوچوں کے ماضی میں کھو کر
رنجیدہ ہوں، کڑھتا جاؤں

خود غرضی کی سوچوں میں ہوں
غرق ہوا اور کچھ نہ دیکھوں

نفرت کی سوچوں کا قیدی
غصہ کھاؤں، کینہ کھاؤں

سوچوں کی گاڑی میں بند ہوں
چلتا جاؤں، ٹھہر نہ پاؤں

وقت کا فریب

یہ وقت بھی کیا چیز ہے
دراصل نہ اس کا وجود
یہ وقت اک سراب ہے
گر عقل سے پرکھو ذرا

جو کل ہوا، وہ مر چکا
زندہ رہے کیوں آج میں
جو ہو گا کل نہ اس کو تم
کبھی بھی جان پاؤ گے

پھر وقت کیا ہے میرے دوست
یہ ذہن کی تخلیق ہے
اور ذہن اس میں قید ہے
جو عقل سے سوچو ذرا

اس وقت کے زندان میں
تم رات دن ڈرتے رہو
اس وقت کے فریب میں
تم عمر بھر بھٹکے پھرو

سچائی دیکھنی ہے تو
زندانِ وقت سے نکل
تم ہو خدا سے ہمکنار
جب وقت سے ہو خیرباد

دنیا کی قید

کل کی فکروں سے بھرے خوفناک جالوں میں

پھنس گئے ہو میرے ہمدم اب اور پھنسے جاتے ہو

ماضی کے گرمی بھرے غصے کے غم خانوں میں

پھنس گئے ہو میرے ہمدم اب اور پھنسے جاتے ہو

کینہ کی جنگوں سے پیدا ہوئے میدانوں میں

پھنس گئے ہو میرے ہمدم اب اور پھنسے جاتے ہو

مذہب اور قوم کے جادو زدہ زندانوں میں

پھنس گئے ہو میرے ہمدم اب اور پھنسے جاتے ہو

پیسے سے جگمگاتے ہوئے راحت کدہ مکانوں میں

پھنس گئے ہو میرے ہمدم اب اور پھنسے جاتے ہو

روح کی پیاس بجھانے کو تم بیٹھے رہو جم خانوں میں

پھنس گئے ہو میرے ہمدم اب اور پھنسے جاتے ہو

عمر بھر، مشقت کرو دنیا کے کارخانوں میں

پھنس گئے ہو میرے ہمدم اب اور پھنسے جاتے ہو

اَپنے ہی ذہن کے پیدا کئے، کتاب خانوں میں

پھنس گئے کیوں میرے ہمدم اور کاہے پھنسے جاتے ہو

تخلیق

دیکھ کے تیری مست نگاہیں
اپنے دل کی دھڑکن سُن لوں

تیرے لبوں کی لالی پی لوں
رخساروں کی گرمی چھولوں

پستانوں کے گنبد دیکھوں
بیچ میں ان کے سجدہ کرلوں

پیٹ کا چٹیل میدان دیکھوں
ہاتھوں بل طے اس کو کرلوں

گھاس کی خفیہ وادی دیکھوں
اس کے اندر خوب سے جھولوں

وادی میں اک غار کو دیکھوں
دھیرے دھیرے اندر اُتروں

غار کی نرمی، غار کی گرمی
لزت کی یہ امرت پی لوں

دو جسموں کو کھولتا دیکھوں
دو جسموں کو ناچتا دیکھوں

تیری انا کو ٹوٹتے دیکھوں
اپنی انا کو ٹوٹتے دیکھوں

دو جسموں کا بندھن دیکھوں
دو روحوں کا بندھن دیکھوں

اس بندھن کی شوخ شعاعیں
کون و مکان میں کھلتے دیکھوں

اِک بچے کی تخلیق کو دیکھوں
یوں عالم کی تخلیق کو دیکھوں

میرا گھر

اور تیرا گھر

اپنے گھر میں۔

ڈرتا رہوں میں، لڑتا رہوں میں
کُڑھتا رہوں میں، سوتا رہوں میں

گہری نیند سے اک دن جاگا
گھر کی قید سے باہر نکلا

چاروں طرف اب تجھ کو دیکھوں
باہر دیکھوں، اندر دیکھوں

تیرے گھر میں۔

نیلے پرندے، پیلے پرندے
صبح سویرے گیت سنائیں
جگمگ جگمگ سورج نکلے
سرخی مائل اس کی شعاعیں
میرے من میں اُتری جائیں

ٹھنڈی ہوا سے غسل کروں میں
پیڑ کے نیچے بیٹھا رہوں میں
جھولتی شاخیں دل کو لبھائیں
کووں کی یہ کائیں کائیں

بھنورہ پھول سے آنکھ لڑائے
لمحے بھر میں رس پی جائے
پھول کی مستی بڑھتی جائے
جھومے، ناچے اور اِترائے

دیکھ کے یہ سب کھیل تماشہ
میرا دل بھی ناچ گائے
جھوم کے مستی میں لہرائے

کھانا پینا بھول گیا میں
جسم کو اپنے بھول گیا میں
جب سے اپنے آپ کو جانا
واللہ تیری ذات کو جانا

اپنے چھوٹے گھر سے نکلا
تب ہی تیری ذات کو جانا

ننگا

ننگا، ننگا، ننگا، ننگا
اس عالم میں سب کچھ ننگا

سورج ننگا، تارہ ننگا
پربت ننگا، دریا ننگا
جگنو ننگا، بھنورہ ننگا
بلبل ننگا، بکرا ننگا

ننگا ننگا، ننگا ننگا
اس عالم میں سب کچھ ننگا

ہاتھی ننگا، مرغا ننگا

چیتا ننگا، کتا ننگا

بندر ننگا، بلا ننگا

کوا ننگا، طوطا ننگا

ننگا ننگا، ننگا ننگا
اس عالم میں سب کچھ ننگا

پیدا ہوا تھا، تو بھی ننگا

پیدا ہوا تھا، میں بھی ننگا

پر تہذیب نے کپڑا پہنایا

شرم و حیا کا راگ چلایا

دنیا کے چکر میں آ کے

ننگے پن کو بھول گیا تو

یوں اپنے آپ کو بھول گیا تو

چھُپا چہرہ

(کرونا وائرس کے زمانے میں)

اک شرمیلی لڑکی کی طرح
اب چہرہ چھُپائے پھرتے ہو

کچھ میں نے کہا جو تم ہو خفا
اور چہرہ چھُپائے پھرتے ہو

نہ جرم کیا نہ کوئی سزا
کیوں چہرہ چھُپائے پھرتے ہو

ڈر سے ہے تمہارا دم گھٹتا
پر چہرہ چھُپائے پھرتے ہو

کہیں دیکھ نہ لے یہ جرثومہ
یوں چہرہ چھُپائے پھرتے ہو

نہ دیکھو کبھی تم اصلی وجہ
بس چہرہ چھُپائے پھرتے ہو

تم نفس حقیقی سے ہو جدا
یوں چہرہ چھُپائے پھرتے ہو

اِنسانیت

میرا مذہب

مسجد نہیں، مندر نہیں
مسلم نہیں، ہندو نہیں
موسیٰ نہیں، عیسیٰ نہیں

اِنسانیت میرا مذہب

عربی نہیں، عجمی نہیں
کالا نہیں، گورا نہیں
پیلا نہیں، بھورا نہیں

اِنسانیت میرا مذہب

کُرسی نہیں، ممبر نہیں
غصہ نہیں، کِینہ نہیں
لالچ نہیں، نفرت نہیں

اِنسانیت میرا مذہب

پربت یہیں، جنگل یہیں
چشمہ یہیں، دریا یہیں
بادل یہیں، بارش یہیں
کوا یہیں، مرغا یہیں
سورج یہیں، تارہ یہیں
بچہ یہیں، بوڑھا یہیں
سب کچھ یہیں، سب کچھ یہیں
جینا یہیں، مرنا یہیں

اِنسانیت میرا مذہب

دیکھو جب غور سے قدرت کی یہ دلکش تصویر

ایک ہی پل میں تم سوچوں سے رہائی پاؤ

جاگو

سپنوں کی اِس نیند سے جاگو

دنیا کی اِس نیند سے جاگو

غفلت کی اِس نیند سے جاگو

جاگو، جاگو، جاگو، جاگو

جاگو، جاگو، جاگو، جاگو

آنکھوں سے پٹیوں کو اُتارو

دُنیا کی کالس کو اُتارو

اپنی روح کا بوجھ اُتارو

جاگو، جاگو، جاگو، جاگو

جاگو، جاگو، جاگو، جاگو

خوف سے ڈر کے نہ گھبراؤ

حسد کرو نہ غصہ کھاؤ

اپنے کو لالچ سے بچاؤ

جاگو، جاگو، جاگو، جاگو

جاگو، جاگو، جاگو، جاگو

سینے کی ساکت میں آؤ

گہری خاموشی میں سماؤ

یوں خدا کی ذات کو پاؤ

جاگو، جاگو، جاگو، جاگو

جاگو، جاگو، جاگو، جاگو

بھٹکے پھرتے رہو اس دنیا کے سرابوں میں

سوچوں میں بند رہو، نفس حقیقی سے جدا

قدرت کی نماز

رُک گیا اِکدم میں سن کے سُریلی آواز
وادی میں بج رہا ہے جو تیز ہواؤں کا ساز

دوستو، پھر ملوں گا تمہیں، تم چلتے رہو
بس ذرا ٹھہر کے پڑھ لوں جو میں قدرت کی نماز

پاک اور تیز ہواؤں سے وضو کرتا ہوں
میرے نیچے ہے بچھی پتھروں کی جائے نماز

سبز اور پیلے فلک بوس پہاڑوں کا سکوت
دور سے آتی ہوئی جھرنوں کی جھن جھن آواز

روئی کے گالوں کی مانند اُڑیں ہیں بادل
باد کے چلتے ہوئے زینے پہ اُڑیں ہیں دو باز

گھاس کے فرش پہ اِک ہرن اور اس کے بچے
ساتھ ہی نیلے اور پیلے پرندوں کی چہکتی آواز

اس لمحے کی مستی میں مدہوش جھولتی شاخیں
نیلے آکاش میں وہ تین عقابوں کی جھولتی پرواز

ڈھند میں دامن کوہ سے نکلتا ہوا اِک آبشار

گہری خاموشی میں اس کی ہے گر جتی آواز

نیلے آکاش میں پیدا ہوئی اک قوس قزح

کھولے مجھ پر یہ کائنات کی تخلیق کا راز

سینے کے باغ میں اب امن و سکوں کھلنے لگا

اس طرح ہوتا ہے اس بندے کی بیداری کا آغاز

جھوموں

گہری نیند سے اُٹھ بیٹھا ہوں
بن پیئے اب جھوموں
مستی میں میں جھوموں
بے خودی میں جھوموں

جھوموں، جھوموں، جھوموں، جھوموں
میں خوشی سے جھوموں
جھوموں بس میں جھوموں

تاروں کی گردش میں جھوموں
دریا کی لہروں میں جھوموں
بادل کی بجلی میں جھوموں
ساون کی بارش میں جھوموں

دل میں قوسِ قزہ جو نکلے

جھوموں، جھوموں، جھوموں، جھوموں

میں خوشی سے جھوموں

جھوموں بس میں جھوموں

کوئل کے گیتوں پہ جھوموں

آندھی کی ہیبت پہ جھوموں

پھولوں کی خوشبو پہ جھوموں

بچوں کی باتوں پہ جھوموں

گوری کے ہونٹوں کو چوموں

جھوموں، جھوموں، جھوموں، جھوموں

بے خودی میں جھوموں

جھوموں، بس میں جھوموں

گل بھی جھومے میں بھی جھوموں

بھنورہ جھومے میں بھی جھوموں

پتے جھومیں، میں بھی جھوموں

گوری جھومیں، میں بھی جھوموں

جھرنوں کی جھن جھن کو سن کے

جھوموں، جھوموں، جھوموں، جھوموں

میں خوشی سے جھوموں

جھوموں، بس میں جھوموں

مور جو ناچے میں بھی ناچوں

بلبل گائے میں بھی گاؤں

جگنو چمکے میں بھی چمکوں

بادل گرجے میں بھی گرجوں

رات کی خاموشی کو سن کے

جھوموں، جھوموں، جھوموں، جھوموں

بن پیئے میں جھوموں

جھوموں بس میں جھوموں

یاروں کی محفل میں جھوموں

غیروں کے جھرمٹ میں جھوموں

کام کروں تو جب بھی جھوموں

گھر میں بیٹھوں جب بھی جھوموں

بیماری کی وادی میں جھوموں

جھوموں، جھوموں، جھوموں، جھوموں

مستی میں میں جھوموں

جھوموں بس میں جھوموں

غربت ہو تو جب بھی جھوموں

دولت ہو تو جب بھی جھوموں

شہرت ہو تو جب بھی جھوموں

ذلت ہو تو جب بھی جھوموں

موت کو دیکھ کے نہ گھبراؤں

جھوموں، جھوموں، جھوموں، جھوموں

مستی میں میں جھوموں

جھوموں بس میں جھوموں

رات میں جھوموں دن میں جھوموں

گھر میں جھوموں، باہر جھوموں

باغ میں جھوموں، بن میں جھوموں

من میں جھوموں، تن میں جھوموں

دل میں جھانکوں، تجھ کو دیکھوں
جھوموں، جھوموں، جھوموں، جھوموں
میں خوشی سے جھوموں
جھوموں بس میں جھوموں

کھانا کھاؤں تب بھی جھوموں
میں نہاؤں تب بھی جھوموں
بیوی کی باہوں میں جھوموں
بیوی نہ ہو تب بھی جھوموں

دل میں میرے تو رہتا ہے
جھوموں، جھوموں، جھوموں، جھوموں
مستی میں میں جھوموں
جھوموں بس میں جھوموں

دیکھوں تجھ کو شام سویرے
پار اُفق کے تجھ کو دیکھوں
چاند میں دیکھوں اور تاروں میں
سورج کی گرمی میں دیکھوں

دیکھوں تجھ کو اپنے من میں

جھوموں، جھوموں، جھوموں، جھوموں

میں خوشی سے جھوموں

جھوموں، بس میں جھوموں

کوئل گائے میری وجہ سے

کوئل گائے تیری وجہ سے

سورج نکلے، میری وجہ سے

سورج نکلے، تیری وجہ سے

سارے جگ کا کھیل تماشہ

تیری وجہ سے میری وجہ سے

چلتا ہوں میں تیری وجہ سے

دیکھتا ہوں میں تیری وجہ سے

سونگھتا ہوں میں تیری وجہ سے

بول رہا ہوں تیری وجہ سے

زندہ ہوں میں تیری وجہ سے

جان کے اس سچائی کو میں
جھوموں، جھوموں، جھوموں، جھوموں
بے خودی میں جھوموں
جھوموں، بس میں جھوموں

سوچ کے بہکائے میں آ کے
سال ہا سال جو میں نے گنوائے
باقی سب لوگوں کی طرح سے
دنیا کے چکر میں آ کے
ہائے تجھ کو بھول گیا تھا
اپنے آپ کو بھول گیا تھا

تجھ کو پانے کی خواہش میں
ڈھونڈا تجھ کو اس دنیا میں
دنیا کے یہ سارے نظریئے
فلسفے بھی سب پڑھ ڈالے
دوری بڑھتی گئی بس تجھ سے
سوچ کے چکر میں یوں آ کے

غفلت کی اس نیند سے جاگا

سوچوں کی زندان سے نکلا

فکروں کے جالوں سے نکلا

دنیا کے بندھن سے نکلا

کھیلوں اب آزاد چمن میں

جھوموں، جھوموں، جھوموں، جھوموں

بن پیئے بس جھوموں

جھوموں بس میں جھوموں

سوچ کے پنجے سے میں نکلا

سوچ کے جادوسے میں نکلا

سوچ کے مے خانے سے نکلا

سوچ کے غم خانے سے نکلا

توڑ کے سوچ کی چار دیواری

واللہ میں نے پائی رہائی

سوچ کے سوچا تب یہ جانا

سوچ ہے سب فکروں کا گھرانہ

رنج و غم کا یہ ہے ٹھکانہ

سوچ کی گردش میں ہے زمانہ

دنیا ساری سوچ کی عاشق
میں ہوا ہوں تیرا عاشق

سوچ نہیں میں نہ ہی خواہش
نہ میں روایت اور نہ نظریہ
جسم یہ میرا پر یہ نہیں میں
اصل میرا پردے کے پیچھے

کچھ بھی نہیں اور سب کچھ ہوں میں
جھوموں، جھوموں، جھوموں، جھوموں
جھوموں بس میں جھوموں
بے خودی میں جھوموں
مستی میں میں جھوموں
بن پیئے میں جھوموں
میں خوشی سے جھوموں
جھوموں، جھوموں، جھوموں، جھوموں
جھوموں بس میں جھوموں

ڈاکٹر سرفراز زیدی کے بارے میں

ڈاکٹر سرفراز زیدی کے والدین 1947 میں دہلی کے علاقے سے پاکستان چلے آئے اور سرگودھا میں مستقل رہائش اختیار کی۔ ڈاکٹر زیدی اپنے پانچ بھائیوں سمیت سرگودھا میں ہی پلے بڑھے۔ والد محترم ڈاک خانے میں ملازم تھے۔ وہ انتہائی ایماندار آدمی تھے۔ چنانچہ پیسے کی کافی تنگی رہی۔

ڈاکٹر زیدی بچپن ہی سے تعلیم میں نمایاں کامیابیاں حاصل کرتے رہے۔ 1980 میں کنگ ایڈورڈ میڈیکل کالج لاہور سے ایم بی بی ایس کی ڈگری حاصل کی۔ اس کے بعد اعلیٰ تعلیم حاصل کرنے کے لئے امریکہ روانہ ہو گئے۔ اور پھر وہیں مستقل سکونت اختیار کر لی۔

ڈاکٹر زیدی امریکہ کے مشہور تعلیمی اداروں سے منسلک رہے۔ ریسرچ میں نام پیدا کیا۔ بیماریوں کے نئے علاج دریافت کئے۔ اور ان پر کتابیں لکھیں۔ اس طرح ڈاکٹر زیدی کا نام صرف امریکہ میں ہی نہیں بلکہ کینیڈا، یورپ، پاکستان اور انڈیا میں بھی

کافی مشہور ہو گیا۔ کیلیفورنیا میں جمیلہ کلینک -اپنی ماں کے نام پر- قائم کیا۔ جہاں مریض صرف امریکہ سے ہی نہیں بلکہ دنیا کے گوشے گوشے سے آنے لگے۔

ڈاکٹر زیدی نے اپنی ریسرچ میں یہ مشاہدہ کیا کہ روزمرہ کی زندگی کا سٹریس ہر بیماری میں کچھ نہ کچھ کردار ضرور ادا کرتا ہے۔ اس لیے وہ سٹریس کی بنیادی وجہ دریافت کرنے پر گامزن ہو گئے۔

ایک دن جب کہ وہ اپنے محلے والے پارک میں چہل قدمی کر رہے تھے تو سٹریس کی اصل وجہ کا آخر کار سُراغ معلوم ہوا۔ پتہ یہ چلا کہ تمام نفسیاتی مسائل -خوف ،غصہ، رنجش، حسد، لالچ،- کی اصل وجہ ہمارا اپنا نفس ہے۔ اور انتہائی حیران کُن بات یہ پتہ چلی کہ گو کہنے کو یہ ہمارا نفس ہے، درحقیت میں یہ ہمارا اصلی نفس نہیں ہے کیونکہ ہم اس نفس کے ساتھ پیدا نہیں ہوتے۔ اصل میں یہ نفس معاشرہ ہم میں آہستہ آہستہ سے اُنڈیلتا ہے جیسے جیسے ہم معاشرے میں پروان چڑھتے ہیں۔ ہم اسے جھوٹا نفس بھی کہہ سکتے ہیں۔

دنیا میں ہر شخص اس جھوٹے نفس کے شکنجے میں گرفتار ہے۔ اسی وجہ سے دنیا میں ہر شخص نفسیاتی مسائل -خوف، غصہ، رنجش، حسد، لالچ- کا شکار ہے۔ افسوس کی بات یہ ہے کہ جیسے جیسے یہ جھوٹا نفس ہمیں اپنی گرفت میں قید کرتا چلا جاتا ہے، ویسے

ویسے ہم اپنے سچے نفس سے دور ہوتے چلے جاتے ہیں۔ سچا نفس ہم نومولود بچوں میں دیکھ سکتے ہیں کیونکہ ان میں ابھی جھوٹا نفس موجود نہیں ہوتا۔ سچا نفس ہر طرح کے نفسیاتی مسائل سے آزاد ہوتا ہے۔ سچا نفس اندرونی سکون کا چشمہ ہے۔ سچا نفس ہمارا رب ہے جو ہمارے سینوں میں رہتا ہے۔

ڈاکٹر زیدی نے یہ مشاہدہ کیا کہ جھوٹے نفس سے نجات پانے کا طریقہ یہ ہے کہ ہم اس کو زیادہ توجہ نا دیں۔ اس کے بجائے اگر ہم اپنی توجہ اپنے ارد گرد رکھیں اس لمحے پر -اپنے حواس خمسہ کو استعمال کرتے ہوئے- تو ہم اپنے سچے نفس سے وابستہ رہتے ہیں۔ اور سٹریس ہم سے میلوں دور رہتا ہے۔ آپ ذرا غور سے دیکھیں تو مشاہدہ کریں گے کہ اس لمحہ میں نہ صرف اشیا ہیں بلکہ پس منظر میں خلا، خاموشی اور سکوت بھی ہے۔

ڈاکٹر زیدی نے اپنی اس دریافت کو اپنی کتابوں اور وڈیوز میں تفصیل سے بیان کیا ہے۔

سٹریس سے نجات کا یہ طریقہ ڈاکٹر زیدی نے اپنے مریضوں کو سکھلایا۔ اور یہ مشاہدہ کیا کہ آہستہ آہستہ ان کی بیماری کی شدت بہت کم ہو گئی۔

ڈاکٹر زیدی خود بھی زیادہ تر اپنی توجہ اس لمحے پر رکھتے ہیں- اپنے حواس خمسہ کو استعمال کرتے ہوئے- ایک دن کا واقعہ ہے کہ وہ ایک ریستوران میں دوپہر کا کھانا کھا رہے تھے۔ اور ساتھ ہی توجہ رکھی ہوئی تھی کھڑکی سے باہر اونچے اونچے درختوں پر۔ اور خلا، خاموشی اور سکوت پر- کہ اک دم سے خلا، خاموشی اور سکوت پس منظر سے پیش منظر میں آگیا اپنے پورے زور کے ساتھ۔ ریستوران میں لوگوں کی آوازیں بہت مدھم ہوگئیں۔ ڈاکٹر زیدی نے مشاہدہ کیا کہ خلا، خاموشی اور سکوت دراصل تین نہیں بلکہ ایک ہے-- بہت گہرا، طاقتور اور پرسکون- پھر انہوں نے یہ اندرونی آواز سنی، "یہی سب کا رب ہے"۔

اس دن سے ڈاکٹر زیدی زیادہ سے زیادہ وقت اپنے رب سے وابسطہ رہتے ہوئے گزارتے ہیں۔ کبھی کبھی آمد ہونے لگتی ہے تو وہ اسے لکھ لیتے ہیں۔ اور پھر کتاب کی شکل میں شائع کر دیتے ہیں۔ یا کبھی وڈیو بنا دیتے ہیں۔

ان کا تعلق نا تو کسی مزہب سے ہے اور نا ہی کسی سیاسی یا ثقافتی جماعت سے۔ وہ تو بس ایک انسان ہیں جو روحانی- نفسیاتی نیند سے بیدار ہو چکا ہے۔

ڈاکٹر زیدی کی

مـــزید کتابیں

(انگریزی میں)

You Are Not Who You Think You Are

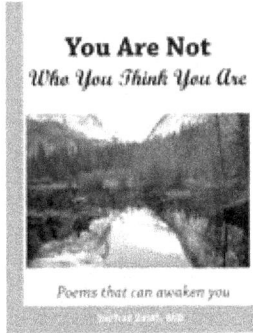

At the pinnacle of his successful career, Dr. Sarfraz Zaidi realized he was missing inner peace-despite a loving family, spacious house, pets, expensive car....

One day, while pondering on "Who I am, in real," he woke up from his deep psychological sleep.

Since his awakening, he enjoys an immense inner peace. He lives in the bliss of the "Real Now."

Every now and then, some pearls of wisdom come up, which he expresses as quotes, paraphrases, and poems. Here is a compilation of his poems since his awakening.

Stress Cure Now

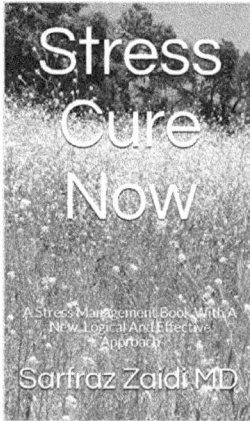

In his groundbreaking book, Dr. Zaidi describes a truly *New* approach to deal with stress.

Dr. Zaidi's strategy to cure stress is based on his personal awakening, in-depth medical knowledge, and vast clinical experience. It is simple, direct, original, and therefore, profound. He uses logic - the common sense that every human is born with.

Using the torch of logic, Dr. Zaidi shows you that the true root cause of stress resides inside you, not out there. Therefore, the solution must also reside inside you.

In **"Stress Cure Now,"** Dr. Zaidi guides you to see the true root cause of your stress, in its deepest layers. Only then you can get rid of it from its roots, once and for all.

Stress Management For Teenagers, Parents And Teachers

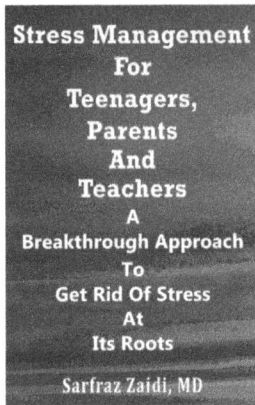

Stress Management
For
Teenagers,
Parents
And
Teachers
A
Breakthrough Approach
To
Get Rid Of Stress
At
Its Roots

Sarfraz Zaidi, MD

Using the blazing torch of logic, Dr. Zaidi cuts through the stress triangle of teenagers, parents, and teachers.

This original, profound and breakthrough approach is completely different from the usual, customary approaches to manage stress, which simply work as a band-aid, while the volcano underneath continues to smolder. Sooner or later, it erupts through the paper-thin layers of these superficial strategies.

Dr. Zaidi guides you step by step on how you can be free of various forms of stress. From peer pressure, to stress from education, to conflict between teenagers, parents, and teachers, to anxiety, addictions and ADD, Dr. Zaidi covers every aspect of stress teenagers, parents and teachers experience in their day to day life. Dr. Zaidi's new approach ushers in a new era in psychology, yet this book is such an easy read. It is like talking to a close friend for practical, useful yet honest advice that works.

Wake Up While You Can

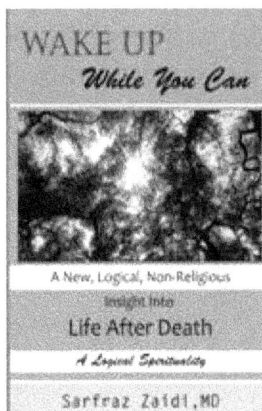

Using the torch of logic, Dr. Zaidi leaps us into what life after death is. His insight is original , logical and a breath of fresh air, free of old religious ideas and concepts.

Dr. Zaidi's logical approach to spirituality is a true milestone discovery. Dr. Zaidi uses logic to elaborate:

What is your likely fate after death.

How you can easily change this fate during this lifetime, simply with wisdom provided in the book. Then, you are stress-free in this life and in life after death.

You are extremely lucky to be a human being. Only as a human being, can you change what your life after death will be. Only as a human being, can you bring the sorrow cycle of rebirths to an end.

Therefore, wake up while you can, as a human being.

Power of Vitamin D

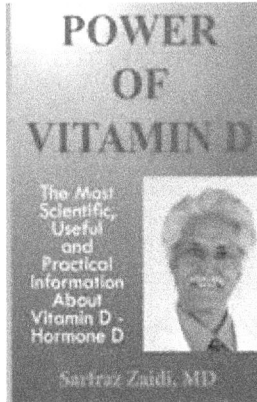

"Power of Vitamin D," has become a popular reference book on the topic of vitamin D. This book contains all the important information you need to know about Vitamin D including the wonderful health benefits of Vitamin D.

In this book, Dr. Zaidi dispels common myths about Vitamin D, such as "being outdoors in the sun for 15 minutes a day is enough to take care of your Vitamin D needs." Wrong!

Most people are low in Vitamin D and they do not even know it! Sadly, most physicians are not up to date on Vitamin D. They often order the wrong test for Vitamin D level, which can be normal even if you have a severe deficiency of Vitamin D!

Many physicians interpret test results of Vitamin D with the myopic eye of the reference range provided by the laboratory. These reference ranges are often wrong when it comes to Vitamin D.

Dr. Zaidi explains how you can achieve the optimal level of Vitamin D to take advantage of the miraculous health benefits of Vitamin D, without risking its toxicity.

Reverse Your Type 2 Diabetes Scientifically

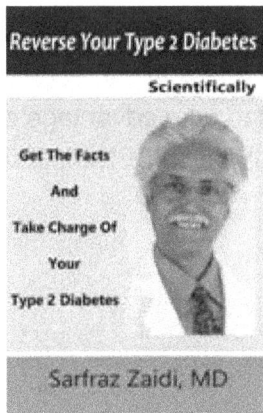

Reverse Your Type 2 Diabetes

Scientifically

Get The Facts

And

Take Charge Of

Your

Type 2 Diabetes

Sarfraz Zaidi, MD

There is a common misconception among patients as well as physicians that treating Type 2 diabetes means controlling your blood sugar by any means. This approach is dangerously flawed. The fact is that Type 2 diabetes is a complex disease process. If not managed properly, it often leads to several horrendous complications. Sometimes, medications can cause more harm than good.

In "Reverse Your Type 2 Diabetes Scientifically," Dr. Sarfraz Zaidi, MD explains what the root cause of Type 2 diabetes is. Then he showcases his unique 5-step approach to manage this disease at its roots. Over the last fifteen years, he has employed this groundbreaking approach to help thousands of Type 2 diabetic patients. He has included actual case studies from his clinical practice to illustrate how his 5-step approach can reverse Type 2 diabetes as well as its complications.

Dr. Zaidi's unique 5-step approach consists of:

1. A simple, yet profound approach to Stress Management, based on his personal awakening.

2. A revolutionary, scientific approach to diet. You may be surprised to learn how Calorie-based dietary recommendations are not very scientific. His diet is based on actual food items you buy in your grocery store or farmer's market. He has included 75 of his own recipes. He also gives you a practical guide to eat at home or eat-out at various ethnic restaurants.

3. A new, scientific approach to exercise. You may be surprised to learn how too much exercise can be quite harmful.

4. An in-depth, scientific description of vitamins, minerals and herbs that are valuable in managing Type 2 diabetes.

5. Prescription medications, when necessary. A comprehensive description about: How various medications work, what are the advantages, disadvantages, and side-effects of each drug.

Hypothyroidism And Hashimoto's Thyroiditis

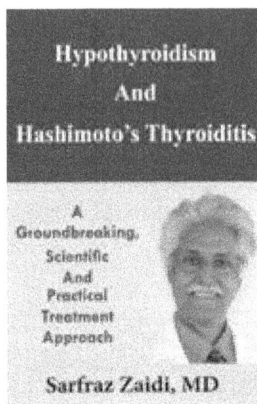

The current treatment of Hypothyroidism is superficial and unsatisfactory. Patients continue to suffer from symptoms of Hypothyroidism, despite taking thyroid pills. Even worse, there is no treatment for Hashimoto's Thyroiditis, the root cause of hypothyroidism in many patients.

Dr. Sarfraz Zaidi, MD, has made a breakthrough discovery about the real cause of Hashimoto's Thyroiditis, and how to effectively treat it. He has also made new insights into the causes of Hypothyroidism. Based on these ground-breaking discoveries, he has developed a revolutionary approach to treat Hypothyroidism and cure Hashimoto's Thyroiditis.

In "Hypothyroidism And Hashimoto's Thyroiditis, A Breakthrough Approach to Effective Treatment," you will learn:

- Why do you continue to suffer from symptoms of Hypothyroidism, despite taking thyroid pills?
- What really is Hypothyroidism?
- What are the symptoms of Hypothyroidism?
- Why is the diagnosis of Hypothyroidism often missed?
- Why is the current treatment approach to hypothyroidism unscientific?
- Why are the usual tests for thyroid function inaccurate and misleading?
- What actually causes Hypothyroidism?
- What is the root cause of Hashimoto's Thyroiditis, besides genetics?
- What other conditions are commonly associated with Hashimoto's Thyroiditis?
- How do you effectively treat Hypothyroidism?
- How do you cure Hashimoto's Thyroiditis?
- And a detailed thyroid diet that works.

Graves' Disease And Hyperthyroidism

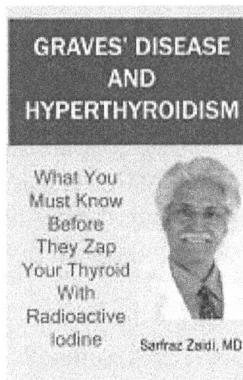

GRAVES' DISEASE
AND
HYPERTHYROIDISM

What You
Must Know
Before
They Zap
Your Thyroid
With
Radioactive
Iodine   Sarfraz Zaidi, MD

Graves' disease is one of several causes of hyperthyroidism. In "Graves' Disease And Hyperthyroidism," Dr. Zaidi, describes how to accurately diagnose and treat Graves' disease as well as other causes of hyperthyroidism.

The medical treatment of Graves' disease has not changed in over 50 years. Sad, but true! The standard, usual treatment with Radioactive iodine is a superficial, myopic approach. It almost always makes you hypothyroid (underactive thyroid state). Then, you need to be on thyroid pills for the rest of your life. In addition, radioactive iodine does not treat the underlying root cause of Graves' disease - autoimmune dysfunction, which continues to smolder and easily erupts into another autoimmune disease. Anti-thyroid drugs do not treat autoimmune dysfunction either. They provide only temporary relief.

Often, symptoms return once you stop these drugs. Surgery also does not treat autoimmune dysfunction. It often leads to hypothyroidism as well as many other complications.

Over the last ten years, Dr. Zaidi developed a truly breakthrough approach to get rid of Graves' disease at its roots - autoimmune dysfunction. His patients have benefited tremendously from this approach. Now, it's time for you to learn about this groundbreaking discovery.

Dr. Zaidi reveals what really causes autoimmune dysfunction that ultimately leads to Graves' disease. His revolutionary treatment strategy consists of five components: His unique Diet for Graves' disease (including original recipes), the link between Vitamin D deficiency and Graves' disease, the connection between Graves' disease and Vitamin B12 deficiency, how Stress causes Graves' disease (and Dr. Zaidi's unique strategy to manage stress) and the Judicious use of Anti-Thyroid drugs.

These books are available at Amazon.com

and

other online retailers.

Dr. Zaidi's Website

DoctorZaidi.com